생명을 살리는 성경공부 3

개혁주의생명신학 7대 실천운동

회개용서운동

지은이 **장 종 현**

장종현 박사는 충남 아산시 영인면 성내리 안골에서 농부의 아들로 태어났습니다. 중학교 3학년 때 예수님을 영접한 이후 무릎 꿇고 받은 사명을 감당하기 위해 1976년 11월 1일 “진리가 너희를 자유케 하리라”(요 8:32)는 말씀을 붙잡고 백석학원(백석대학교, 백석문화대학교, 백석예술대학교, 백석대학교평생교육신학원)과 기독교연합신문사를 설립했습니다.

그는 백석학원이 세상에 존재하는 또 하나의 대학이 아니라 오직 하나님의 말씀에 의해서 사람을 변화시키고 영적 생명을 살리는 기독교대학을 세우기 위해 일평생 헌신하고 있습니다.

그는 개혁주의 5대 표어를 생명처럼 여기면서 신학이 학문으로 전락해서는 안 되고 그리스도의 생명이어야 한다는 것을 깊이 깨닫고 개혁주의생명신학을 주창했습니다. 개혁주의생명신학은 개혁주의신학을 실천하는 운동입니다.

본서는 개혁주의생명신학 7대 실천운동이 삶 속에서 생명을 살리는 신학으로 자리매김을 하도록 안내하는 성경공부 교재입니다.

오직 하나님께 영광!

백석연구소 총서 5-3

생명을 살리는 성경공부 3

개혁주의생명신학 7대 실천운동 : 회개용서운동

발행일 2019년 10월 25일 초판 1쇄
지은이 장종현
발행처 백석정신아카데미
충청남도 천안시 동남구 문암로 76
전화: 041)550-2090 팩스: 041)550-0450
문제출제 장영수(백석대학교 기독교학부)
펴낸곳 기독교연합신문사(도서출판 UCN)
등록번호: 제21-347호 등록일자: 1992년 6월 28일
주소: 서울특별시 서초구 남부순환로 2221 5층
전화: 02)585-0812 팩스: 02)585-6683
전자우편: ucndesign@naver.com
디자인·인쇄 기독교연합신문사 디자인실
ISBN 978-89-6006-910-7 93230

생명을 살리는 성경공부 3

개혁주의생명신학 7대 실천운동

회개용서운동

장종현 지음

도서출판 UCN

3. 회개용서운동

교회와 세상을 변화시키는 개혁주의생명신학 7대 실천운동 되어야

제가 2010년 5월 21일에 총회의 목회자와 신학자, 성도들이 함께한 자리에서 '개혁주의생명신학 선언'을 하게 된 것은 성경의 권위를 회복한 신학, 교회에 생명을 불어넣는 목회, 예수 그리스도의 인격을 닮은 성도들만이 한국교회를 회복할 수 있다는 확신 때문입니다. 한국교회는 평양 대부흥 운동으로 성령의 역사를 뜨겁게 체험하였지만, 선교 130여 년이 지난 지금 거룩한 신앙의 열정을 잃어버렸습니다. 교회가 하나님을 물질과 명예로 가두어 놓았고, 신학교가 하나님을 학문으로 가두어 놓았습니다. 오늘날 한국교회는 복음의 본질을 상실하였습니다.

그 결과 한국교회는 예수 그리스도의 생명이 나를 지배하는 믿음의 실상을 잃어버렸습니다. 개혁주의생명신학은 그리스도께서 내 안에 사시고 내가 그리스도 안에 사는 영적 삶을 통해 개혁주의신학을 실천하는 운동입니다. 이는 새로운 신학을 만들려는 것이 아니요, 개혁주의신학에 생명을 불어넣음으로써 개혁주의신학을 활성화하려는 것입니다.

저는 개혁주의생명신학을 실천하기 위해 7대 실천운동을 제시했습니다. 이는 신앙운동과 신학회복운동, 회개용서운동, 영적생명운동, 하나님나라운동, 나눔운동, 기도성령운동입니다. 이번에 발간되는 『생명을 살리는 성경공부』는 개혁주의생명신학 7대 실천운동을 쉽게 이해하고 그것을 삶에 적용할 수 있도록 작성된 성경공부 교재입니다. 금번 이 책을 발간한 목적은 개혁주의생명신학 7대 실천운동이 단지 구호로만 그치지 않고, 성도들의 생활 속에서 실천되도록 안내하는 데 있습니다. 실천이 왜 그토록 중요합니까? 한국교회가 예수님을 머리로만 알려고 하고 순종하지 못하기 때문입니다.

우리가 예수님의 생애에 대해서 안다고 해서 믿음이 있는 것은 절대로 아닙니다. 성경 66권을 다 외우고, 신학을 논리적으로, 체계적으로 가르친다고 해서 믿음이 있는 것도 아닙니다. 서기관과 바리새인들도 성경을 많이 알고 있었지만 예수님을 믿지 않았습니다. 믿음은 마음으로 믿고 순종하는 것입니다. 로마서 10장 10

절에 "사람이 마음으로 믿어 의에 이르고 입으로 시인하여 구원에 이르느니라"고 말씀합니다. 참된 믿음은 행함 즉 실천을 요구합니다. 야고보서 2장 17절은 "이와 같이 행함이 없는 믿음은 그 자체가 죽은 것이라"고 말씀합니다. 영적 생명이 회복된 사람만이 순종할 수 있고, 순종하는 사람만이 참된 믿음을 가진 사람입니다.

이미 출판된 『백석학원의 설립정신』(2014년)과 『개혁주의생명신학 선언문』(2017년), 『개혁주의생명신학 7대 실천운동』(2018년)과 함께 오늘 발간되는 『생명을 살리는 성경공부』(2019)는 신학은 학문이 아니라 영적 생명을 살리는 복음이며, 나아가 교회와 세상을 변화시키는 마중물이 되어야 한다는 개혁주의생명신학의 근본 취지를 드러내고 있습니다. 아무쪼록 우리 총회와 백석학원이 한국교회와 세계교회를 새롭게 변화시키는 데 중심 역할을 감당하며, 나아가 제2의 종교개혁의 거룩한 불씨를 던져 생명을 살리는 진원지 역할을 감당하는 일에 조금이나마 도움이 되기를 바라는 마음을 담아 본 교재를 세상에 내놓습니다.

2019년 11월 1일
(백석학원 설립 43주년에 즈음하여)

백석대학교 · 백석문화대학교 · 백석예술대학교
백석대학교평생교육신학원 · 기독교연합신문사

설립자 장종현 박사

회개용서운동 | 첫째주

1 회개, 생명 회복의 시작

핵심 성경구절

"주 여호와의 말씀이니라 이스라엘 족속아 내가 너희 각 사람이 행한 대로 심판할지라 너희는 돌이켜 회개하고 모든 죄에서 떠날지어다 그리한즉 그것이 너희에게 죄악의 걸림돌이 되지 아니하리라"(겔 18:30).

회개는 다른 사람이 아니라 바로 나 자신에서 시작합니다. 자신이 얼마나 많은 죄를 지었는지를 되돌아보며 그 대가로 처벌받는 일 외에는 마땅한 것이 없다는 것을 깨달아야 합니다. 그럴 때 자신이 용서를 구하기에도 부당한 자라고, 고통받고 고쳐지기에도 부당하다고 자신을 책망하게 됩니다. 자비를 베풀어 달라고 간절히 부르짖는 것이 참된 회개입니다.

-『개혁주의생명신학 7대 실천운동』, 64.

week
01 회개, 생명 회복의 시작

1. 회개는 무엇입니까?

엡 4:22-24

회개는 히브리어로 '회심(전환)' 또는 '돌아섬'을 의미하고, 헬라어로는 '마음이나 뜻의 변화'를 의미합니다. 우리 자신으로부터 하나님께로 돌아가는 것, 즉 이는 우리가 옛 마음을 벗어버리고 새 마음을 갖는다는 뜻입니다.

행 8:22

회개는 죄와 하나님께 대한 극단적인 변화를 말합니다. 회개는 죄로 인해서 하나님과의 관계를 깨뜨린 우리가 하나님과의 관계를 회복하는 것을 표현하는 구체적인 행위입니다.

돌아섬

2. 무엇에서 돌아서야 합니까?

사 55:7 ____

____

____

회개할 때는 가슴만 치고, 뉘우치고, 애통하며 슬퍼하는 회개만 하지 말고 죄를 끊어 버리는 회개를 해야 합니다. 악인의 길과 불의한 생각을 버리고 여호와 하나님께 돌아서야 합니다.

겔 18:30 ____

____

____

회개는 돌이키는 것이고 모든 죄에서 떠나는 것입니다. 다시 말해서 회개는 방향을 전환하여 돌아서는 것입니다.

회개의 이유와 인간의 회개 가능성

3. 우리가 회개해야 할 이유는 무엇입니까?

마 9:13 ____________________

____

____

주님께서는 긍휼을 원하시고 제사를 원하지 않으십니다. 그래서 주님께서는 회개하는 자들에게 자비를 베풀어 주십니다.

요일 1:9 ____________________

____

____

주님께서는 우리가 회개하길 원하시며 우리가 죄를 자백할 때, 그 고백을 보시고 용서해 주십니다. 우리는 이 세상에 살 동안 계속해서 죄를 철저히 회개해야 합니다.

4. 우리가 스스로 회개할 수 있습니까?

행 5:31 ____________________

____

하나님께서는 이스라엘에게 회개와 죄 사함을 주시기 위해 그리스도를 보내셨습니다. 예수 그리스도께서 우리의 죄를 대신 지고 십자가에서 죽으셨기 때문에 우리가 회개하면 용서받을 수 있는 길이 열립니다.

슥 12:10 ____________________

____

____

회개는 모든 죄에서 하나님께로 돌아서는 영혼의 확고한 결단입니다. 그리스도의 영이신 성령께서는 우리의 마음을 죄에 대하여, 죄를 향하여 깨뜨리고, 거기서 돌아서서 거룩으로 향하게 하십니다.

회개의 시작

5. 회개의 시작은 무엇입니까?

시 51:3 ....

회개는 죄에 대한 참된 자각에서 시작됩니다. 성령께서 우리의 양심을 깨우셔서 죄에 대한 깨달음을 가지게 하십니다.

롬 6:23 ....

....

죄 지은 것을 슬퍼함은 그 죗값이 너무 무섭기 때문입니다. 진정한 회개를 하려면 지은 죄를 슬퍼하면서 자백해야 합니다.

6. 하나님께서 회개를 요구하시는 목적은 무엇입니까?

행 11:18 ....

회개의 궁극적인 목적은 죄인을 구원하시는 데 있습니다. 예수 그리스도를 믿음으로 생명을 얻는 회개를 우리에게 주셨습니다.

벧전 2:9

하나님께서는 우리가 아직 예수 그리스도를 모를 때, 우리를 택하여 회개하도록 불러 주셨습니다. 그리고 예수 그리스도의 아름다운 복음을 전하게 하셨습니다.

성경에 나타난 회개의 예

7. 참된 회개와 거짓된 회개의 예를 들어보십시오.

삼상 15:24-25

사울은 아말렉을 진멸하라는 하나님의 명령을 듣고도 욕심 때문에 불순종했습니다. 그는 선지자 사무엘의 경고에 하나님보다 백성들에게 버림을 받을까 봐 두려워했습니다. 이것은 참된 회개가 아닙니다.

시 51:4

다윗은 자신의 권력을 가지고 큰 죄를 범했지만 선지자 나단에게 죄를 지적받았을 때, 사울과는 다르게 반응했습니다. 다윗은 변명하며 심판을 피하고자 했던 사울과는 달리, 진지하게 자신의 문제를 깨닫고 하나님께 회개하며 돌이킵니다.

핵심 포인트

회개는 우리가 지은 죄로 깨어진 하나님과의 관계를 회복하는 구체적인 행위입니다. 이러한 회개가 가능한 이유는 예수 그리스도께서 우리의 죄를 대신 지고 십자가에서 죽으셨기 때문입니다. 예수님은 우리가 회개할 때 용서받을 수 있는 길을 열어 주셨습니다. 또한 그리스도의 영이신 성령께서는 우리 자신의 마음을 죄에서 돌이켜 거룩으로 향하게 하십니다. 회개는 죄에 대해서 돌아서는 변화를 요구합니다. 그러므로 우리는 이 세상에 살 동안 계속해서 죄를 철저히 회개해야 합니다.

한 주간 기도

주님, 우리에게 진정한 회개를 알려주소서. 두렵고 떨리는 마음으로 죄에서 돌아서서 주님 앞에 나아가 잘못된 것들을 고치며 살아가도록 인도하여 주소서.

week

01 회개, 생명 회복의 시작

한 주간의 실천

말씀의 거울로 본 나의 삶	월	화	수	목	금	토	주일
1. 성령께서 우리의 양심을 깨우셔서 죄에 대해 깨닫게 하신다. 내가 죄인임을 인정했는가?							
2. 죄 지은 것을 슬퍼함은 그 죗값이 너무 무겁기 때문이다. 내가 범한 죄에 대해 슬퍼하며 가슴 아파했는가?							
3. 회개는 우리가 지은 죄로 인해 깨어진 하나님과의 관계를 회복하는 구체적인 행위다. 잘못한 일을 반성하고 고쳤는가? 주님은 회개하는 자에게 자비를 베풀어 주신다.							

회개용서운동 | 둘째주

2 회개에 합당한 삶

핵심 성경구절

"나더러 주여 주여 하는 자마다 다 천국에 들어갈 것이 아니요 다만 하늘에 계신 내 아버지의 뜻대로 행하는 자라야 들어가리라"(마 7:21).

오늘날 한국교회는 정체 상태를 넘어 침체에 빠지고 있습니다. 이렇게 된 주 원인은 우리가 사랑은 실천하지 않고 분열과 다툼을 일삼는 데 있습니다. 자기 죄를 깨달으면 회개하고 복음을 받아들입니다. 죄를 철저하게 회개한 사람은 악행에서 떠나 예수 그리스도의 사랑을 실천하는 성도로 살아갑니다. 그런데 우리는 죄를 제대로 깨닫지 못해 철저한 회개 없이 복음을 받아들임으로 무늬만 성도로 살아갑니다. 그래서 그리스도의 사랑 실천은 엄두를 못 내고 분열과 다툼 가운데 있으면서 그것이 얼마나 큰 죄인지를 깨닫지도 못한 채 살고 있습니다.

-『개혁주의생명신학 7대 실천운동』, 58.

week

02 회개에 합당한 삶

1. 구원받은 성도에게도 회개가 필요합니까?

요 13:10 ____

____

____

회개는 한 번으로 끝나지 않습니다. 왜냐하면 칭의는 단 한번이지만, 성화는 죽을 때까지 계속 이루어지기 때문입니다.

시 51:1-2 ____

____

____

성군 다윗은 밧세바를 범한 이후 자신의 죄를 깨닫고 철저히 회개하였습니다.

회개한 성도와 하나님

2. 회개한 성도는 하나님과 어떤 관계를 맺게 되며, 또 어떤 삶을 살아야 됩니까?

마 16:24 ____________________

____

회개한 성도는 주님의 십자가를 생각하고 자기 십자가를 지고 싶은 마음이 생깁니다. 그는 자기를 부인하고 자기 십자가를 지고 주님을 따라가야 합니다.

마 7:21 ____________________

____

회개한 성도는 입으로 주님을 찾고 기도하는 것에서 안주하면 안 됩니다. 주님의 이름을 부르는 믿음이 있으면 주님의 뜻대로 사는 행위도 있어야 합니다. 우리는 하나님의 뜻이 무엇인지 말씀과 기도를 통해 알 수 있습니다.

3. 회개한 성도가 따라야 할 '하나님의 뜻'은 어떤 것들이 있습니까?

살전 4:3 --

이방인처럼 살지 않고 하나님의 백성답게 거룩하게 사는 것입니다. 유대인과 이방인은 할례를 통해 구별되었지만, 예수를 믿는 사람은 믿지 않는 사람과 구별되어야 합니다.

살전 5:16-18 --

'범사에 감사하는 것'이 하나님의 뜻입니다. 회개한 성도들은 항상 감사해야 합니다. 물론, 힘들고 어려운 일들이 발생할 때도, 그 어려움 가운데 우리와 함께하면서 우리를 인도하는 하나님을 신뢰

해야 합니다. 그리고 우리를 도우시는 하나님께 감사해야 합니다.

회개한 성도와 가정

4. 회개한 성도의 가정생활은 어떠해야 합니까?

딤전 5:8 ________________________________

____

회개한 성도는 가정을 열심히 돌보아야 합니다. 성도는 가정을 향한 하나님의 뜻을 가정에서 실천해야 합니다. 만약 성도가 가정을 돌보지 않고 친족을 살피지 않는다면, 이는 올바른 성도의 삶이라고 할 수 없습니다.

행 10:2 ________________________________

____

____

회개한 성도는 고넬료처럼 가정을 하나님 중심으로 만들어야 합니다. 온 가족이 함께 하나님을 경외하고, 어려운 이웃을 힘써 도와야 하고, 하나님께 항상 기도하는 경건한 영적 생활을 해야 합니다.

5. 부부와 자녀 관계는 어떠해야 합니까?

엡 5:33 ---

부부관계에서 남편은 아내를 그리스도께서 교회를 위해 자신을 주심같이 사랑하고, 아내는 교회가 그리스도께 하듯 존경해야 합니다.

엡 6:1, 4 ---

그리스도 안에 있는 자들은 부모를 공경하고 순종해야 하며 부모는 자녀를 주의 말씀으로 양육해야 합니다.

◦ 회개한 성도와 공동체(교회, 직장)

6. 회개한 성도는 교회에서 어떤 삶의 태도를 가져야 합니까?

롬 14:18 ______________________________

____

____

회개한 성도는 교회에서 하나님을 기쁘시게 하며 사람들에게도 칭찬받는 삶을 살아야 합니다.

고전 4:1-2 ______________________________

____

____

회개한 성도는 그리스도의 일꾼으로서 교회 안에서 맡겨진 직분을 감사히 여겨 충성하며 살아가야 합니다.

7. 직장에서, 회개한 성도는 어떤 삶을 살아야 합니까?

고후 13:5 ....

....

....

회개한 성도는 직장에서도 자신의 믿음을 점검하고 자신의 믿음을 확증해야 합니다. 예수님께서는 직장생활을 하는 성도들 안에 계십니다. 성도들은 직장에서도 구별된 생활을 해야 합니다.

마 5:16 ....

....

....

직장생활에서, 회개한 성도는 빛을 비춰야 합니다. 직장 동료들이 이런 빛(착한 행실)을 보고서, 성도들이 믿는 하나님 아버지께 영광을 돌리게 됩니다. 회개한 성도는 직장에서도 하나님께 영광을 돌리고, 사람들에게는 덕을 끼치는 생활을 해야 합니다.

핵심 포인트

회개한 성도는 하나님의 뜻대로 살아야 합니다. 성도가 이전보다 더 부지런히 일하고 더 성숙한 삶을 통해서 가족을 돌보고 이웃과 공동체에 덕을 끼칠 때, 그의 영향을 받은 사람들이 하나님께 영광을 돌리게 됩니다. 회개는 주님이 다시 오실 그날까지 지속되어야 할 우리의 삶의 과정입니다. 복음을 듣고 하나님의 은혜를 깨달은 날부터, 항상 열매 맺는 삶을 통해서, 우리의 신앙은 나날이 자라야 합니다.

한 주간 기도

주님, 오늘도 주님의 말씀이 내 안에 살아계셔서 저의 죄를 깨닫고 회개하게 하셔서 감사합니다. 삶의 자리에서 이방인이 아닌 하나님의 백성으로 구별된 생활을 하도록 도우소서.

week
02 회개에 합당한 삶

한 주간의 실천

말씀의 거울로 본 나의 삶	월	화	수	목	금	토	주일
1. 회개는 한번으로 끝나지 않는다. 오늘 회개할 것이 있었는지 돌아보고 회개했는가?							
2. 성도가 가정을 돌보지 않고 친족을 살피지 않는다면, 이는 올바른 성도의 삶이라고 할 수 없다. 회개한 자로서 가정에 충실했는가?							
3. 회개한 성도가 이웃과 공동체에 덕을 끼칠 때, 사람들이 하나님께 영광을 돌리게 된다. 나는 교회 안에서 맡겨진 직분에 충성하며 살아가고 있는가? 직장에서 빛(착한 행실)이 되고 사람들에게는 덕을 끼쳤는가?							

회개용서운동 | 셋째주

3 회개를 통한 용서

핵심 성경구절

"서서 기도할 때에 아무에게나 혐의가 있거든 용서하라 그리하여야 하늘에 계신 너희 아버지께서도 너희 허물을 사하여 주시리라 하시니라"(막 11:25).

하나님의 은혜로 자신이 받은 용서가 어떤 것인지를 기억한다면, 우리는 다른 사람을 용서할 수밖에 없습니다. 그러므로 "우리가 우리에게 죄 지은 자를 사하여 준 것같이 우리 죄를 사하여 주시옵고"(마 6:12)라고 간구하면서, 우리는 내가 바로 만 달란트 탕감받고도 내게 백 데나리온 빚진 동료를 불쌍히 여기지 않는 악한 종이 아닌지 되새겨 보아야 합니다.

- 『개혁주의생명신학 7대 실천운동』, 68.

1. 용서는 누가 합니까?

대하 7:14 --

우리가 스스로 겸손해져서 악한 길에서 떠나고자 회개할 때 하나님이 우리의 죄를 용서하십니다.

요일 1:9 --

우리가 회개할 때 태초부터 있는 생명의 말씀, 영원한 생명 되시는 주님은 우리의 죄를 사하시고 우리를 모든 불의에서 구원하여 주십니다.

○ 용서의 이유

2. 우리가 용서해야 하는 이유는 무엇입니까?

출 34:6-7 --

하나님은 우리에게 자신의 이름을 선포하시며, 자신의 성품을 드러내셨습니다. 그는 사랑과 진실이 한결같이 풍성하신 분이십니다.

마 6:14-15 --

우리가 용서해야 하는 이유는 우리 자신이 하나님의 용서를 온전히 누리려는 데 있습니다. 매일 기도 가운데 우리 죄를 용서하시고 구원의 은혜를 베풀어 주신 하나님께 감사하면서 다른 사람의 잘못을 용서하지 않는다면 예수 그리스도의 제자라 할 수 없습니다.

십자가를 통한 용서

3. 용서의 근거는 무엇입니까?

딤전 2:5-6 ______________________________

____

____

하나님은 모든 사람을 용서하시기 위하여 하나님의 아들이신 예수 그리스도를 대속물로 보내셨습니다. 우리는 예수 그리스도의 십자가를 통해 하나님께 용서를 받게 되었습니다.

롬 8:26 ______________________________

____

____

우리에게는 주님처럼 용서할 능력이 없습니다. 우리 힘으로는 할 수 없지만, 성령께서 도우실 때 우리도 용서할 수 있습니다.

4. 하나님의 용서는 어떻게 얻습니까?

출 33:19

우리가 피해를 당한 자이기 때문에 혹은 우리가 가해자를 용서했기 때문에, 하나님의 용서받을 자격을 얻는 것이 아닙니다. 하나님의 용서는 주권적입니다.

욜 2:13-14

우리가 마치 기대하지 않았던 선물을 받는 것처럼, 매 순간 용서받을 때마다 그것을 놀라운 사실로 받으라는 말씀입니다. 회개와 용서 사이에는 항상 하나님의 주권이 있습니다. 이것을 기억할 때에 참다운 용서가 가능합니다.

용서받은 자의 용서

5. 무조건 용서해야 합니까?

엡 4:32 ________________

____

나에게 잘못을 범한 사람을 용서한다는 것은 쉬운 일이 아닙니다. 하나님께서는 그리스도의 십자가를 통해 우리를 용서하셨습니다. 우리가 용서를 배울 수 있는 본보기는 하나님의 용서입니다.

눅 23:34 ________________

____

____

때로는 상대방이 아직 회개하지 않았지만 우리가 먼저 용서해야 할 때도 있습니다. 예수님의 십자가상의 용서와 스데반의 순교 직전의 용서가 그것을 보여 줍니다.

6. 나에게 잘못한 사람을 어떻게 용서해야 합니까?

막 11:25 ______________________________

____

____

____

하나님은 오직 용서하는 자의 기도를 응답하시며 허물을 사하여 주십니다. 성경에서는 하나님께 나아가는 길로써 이웃에 대한 용서를 언급하실 정도로 이웃과 형제에 대한 용서는 중요합니다.

눅 17:3 ______________________________

____

____

형제가 죄를 범했을 때 우리는 경고하고, 그 형제가 회개하였을 때 우리는 그를 용서해야 합니다. 예수님을 믿는 자들은 회개와 용서의 삶을 살아가야 합니다.

성경 속 용서의 실천

7. 성경에 나타난 용서의 사례들이 주는 교훈은 무엇입니까?

창 50:19-20

요셉은 하나님이 함께하는 삶을 살았습니다. 요셉은 자신을 팔았던 형들에게 보복하지 않고 놀라운 용서를 베풀었습니다. 그는 충동적으로 용서한 것이 아니라 하나님의 섭리를 믿으며 형들을 용서한 것입니다.

행 7:59-60

순교를 당할 때, 스데반은 성령이 충만하여 하늘이 열리고 하늘 보좌와 하나님 우편에 서신 예수님을 본다고 증언했습니다. 돌에 맞아 죽어가면서도 원수들을 향해 용서를 비는 기도를 올렸습니다.

NOTE

핵심 포인트

자기 죄를 깨닫고 철저히 회개한 사람은 죄 용서 받음에 대한 감사로 다른 사람을 용서할 수 있습니다. 하나님은 용서를 원하시는 분이시며 그의 용서는 우리의 어떤 덕 때문이 아니라 그분의 주권적 사랑에 의한 것입니다. 우리의 용서는 하나님의 용서에 대한 감사입니다.

한 주간 기도

주님, 주님께서 우리를 용서하셨듯이 우리도 삶 가운데 이웃과 형제를 용서하게 하옵소서.

week
03 회개를 통한 용서

한 주간의 실천

말씀의 거울로 본 나의 삶	월	화	수	목	금	토	주일
1. 성경은 우리가 하나님께 나아가는 길로써 이웃에 대한 용서를 언급할 정도로 이웃과 형제에 대한 용서를 중요하게 여긴다. 용서할 이웃이 있는지 돌아보았는가?							
2. 오늘 내가 지은 죄를 돌아보며 하나님이 용서해 주시길 기도했는가? 짜증이나 화를 냈던 일, 내가 어떤 사람의 기분을 나쁘게 했던 일이 있었는가? 상대방을 존중하면서도 내가 원하는 바를 얻을 수 있는 효과적인 방법은 무엇일까?							
3. 주님께서 나를 용서하셨듯이 나도 형제를 용서했는가? 최근에 나의 기쁨과 평안을 빼앗아 가는 사람이 주변에 있었는가? 그런 사람을 어떻게 대해야 할까? 나를 무시하거나 무례히 대하는 사람이 있었는가? 그 사람의 그런 행동 이면에 있는 의도는 무엇이라고 생각하는가?							

회개용서운동 | 넷째주

4 화해와 하나 됨

핵심 성경구절

"누가 누구에게 불만이 있거든 서로 용납하여 피차 용서하되 주께서 너희를 용서하신 것같이 너희도 그리하고 이 모든 것 위에 사랑을 더하라 이는 온전하게 매는 띠니라"(골 3:13-14).

한국교회가 회개하고 용서하여 연합에 이르기 위해서는 한 교회의 노력만으로는 안 됩니다. 한 교단의 수고만으로는 큰 역사를 감당하기 어렵습니다. 한국교회 전체가 하나가 되어야 합니다. 비록 강조하는 교리와 성경 해석이 조금 다르더라도 서로 이해하고 용납해야 합니다. 특별히 개혁주의신학을 가르치는 정통 보수교회들은 교단의 벽을 넘어 하나가 되는 데 힘써야 합니다.

- 『개혁주의생명신학 7대 실천운동』, 75.

1. 한국교회의 분열의 원인은 어디에 있다고 생각합니까?

고전 1:11-12 ....

....

....

고린도 교회처럼 교리와 신학을 앞세우다가 한국교회도 갈등과 분쟁, 분열과 다툼이 일어났습니다. 모두 서로 용서하지 못해서 일어난 일입니다. 그 싸움에 그리스도의 사랑이 없습니다. 그리스도의 사랑이 없는 자들은 용서하지 못합니다.

○ 하나님과 하나 됨

2. 하나님은 하나 됨을 위해 무엇을 하셨습니까?

요일 4:10 ....

....

우리는 죄로 인해 하나님과 화해할 수 없었습니다. 하나님께서 아들 예수 그리스도를 보내서 영생의 길을 알려주셨습니다.

엡 2:14

그리스도는 우리의 평화이십니다. 그리스도는 유대인과 이방인이 양쪽으로 갈라져 있는 것을 하나로 만드셨습니다.

3. 우리는 어떻게 하나님과 하나가 되며 그 결과는 무엇입니까?

요 17:21

우리는 성부, 성자의 하나 됨을 따라 형제를 용서하고 하나 되어

연합함으로 하나님과 하나가 될 수 있습니다. 성경은 이러한 하나 됨을 통해 세상이 아버지께서 예수 그리스도를 보내신 것을 믿게 될 것이라고 말씀하고 있습니다.

이웃과 하나 됨

4. 형제와 연합하기 위해서 먼저 해야 할 것은 무엇입니까?

마 5:23-24 ______________________________

____

____

사람에게 죄를 지은 사람은 상대방에게 용서를 구해야 합니다. 우리가 어떤 사람에게 정신적 상처나 물질적 손해를 입혔다면 당연히 그 사람과 먼저 그 문제를 해결해야 합니다.

느 9:1-2 ______________________________

선지자 느헤미야는 자신과 백성들의 죄를 위하여 하나님 앞에 금식하고 회개했습니다. 이스라엘 백성들도 모두 모여서 금식하고 굵은 베 옷을 입고 회개하였습니다. 이스라엘 백성들은 공동체가 범한 죄를 공적으로 회개하고 용서를 구했습니다.

5. 용서할 수 없는 형제를 위하여 내가 할 수 있는 것은 무엇입니까?

마 5:44

형제 사랑을 온전히 실천하지 못하고 있는 우리는 모든 것을 내려놓고 무릎 꿇고 기도해야 합니다. 성령님의 도우심을 통해 내 안에 살아 있는 마지막 자존심까지도 버릴 수 있어야 합니다.

week
04 화해와 하나 됨

롬 12:14

용서할 수 없는 사람을 축복하고 저주하지 말아야 합니다. 그때에 하나님의 복이 그 성도에게 임할 것입니다.

하나 됨의 유익

6. 하나 됨의 목적은 무엇입니까?

골 2:2

하나님은 믿는 자들의 연합을 원하십니다. 그 목적은 그리스도에 대한 믿음을 더 풍성하게 하고 하나님의 비밀인 그리스도를 깨닫게 하려는 것입니다.

엡 1:10 ....

....

하나님은 장차 다가올 미래에 분리된 온 세상을 모으는 계획을 가지고 계십니다. 우리는 그날을 고대하며 삶의 자리에서 회개하고 용서하여 연합하는 것을 지속해야 합니다.

7. 형제와 하나 됨으로 받는 복은 무엇입니까?

시 133:1, 3 ....

....

....

다윗은 민족의 하나 됨을 기쁨으로 노래하고 있습니다. 하나님은 이러한 연합을 통해 물질의 복과 영생의 복을 주십니다.

마 18:19-20 ....

....

week

04 화해와 하나 됨

예수님은 우리가 하나 됨을 추구할 때 신적 권능으로 우리 속에 계시겠다고 약속하십니다. 하나님께서 우리 공동체에 함께하는 은총이야말로 회개용서운동이 부여하는 최고의 축복입니다.

핵심 포인트

서로 용서하고 하나 되는 것은 쉬운 일이 아닙니다. 교리와 신학을 앞세우다가 한국교회도 갈등과 분쟁, 분열과 다툼이 일어났습니다. 모두 서로 용서하지 못해서 일어난 일입니다. 하나님께서는 죄로 인해 화해할 수 없던 우리에게 예수 그리스도를 보내주셔서 영생의 길을 보여 주셨습니다. 하나님의 사랑과 예수 그리스도의 은혜의 사역을 통해 우리도 하나님과 하나가 되는 길이 열렸습니다. 회개를 통해 용서받은 우리는 그리스도와 연합되었습니다. 그러므로 죄를 저지른 형제가 회개할 때 우리는 용서하고 하나가 되어야 합니다.

한 주간 기도

주님, 우리 가운데 진정한 회개와 용서를 통해 화해와 연합의 역사가 일어나게 하소서.

week

04 화해와 하나 됨

한 주간의 실천

말씀의 거울로 본 나의 삶	월	화	수	목	금	토	주일
1. 오늘 누구를 비난하거나 판단한 적이 있는가? 분노의 감정을 다스리지 못해 거친 말을 하거나 자기 기준으로 남을 판단하고 정죄하여 상처를 준 일이 있었는지 돌아보자. 상대방에게 용서를 구했는가?							
2. 내게 잘못한 사람을 위해 기도했는가? 긍휼한 마음으로 그가 잘못을 깨닫고 회개하도록 성령님의 도우심을 구하며, 그를 위해 축복하는 기도를 하자.							
3. 첨예하게 대립된 두 진영이 서로 용서하고 하나 되는 것은 쉽지 않다. 분열된 한국교회와 민족이 하나 됨을 위해 기도했는가?							

개혁주의생명신학
7대실천운동 해설

3. 회개용서운동

회개와 용서로 하나 되자

3. 회개용서운동

'회개용서운동'은 하나님 앞에서 자신을 돌아보고 회개하며, 서로를 용납하여 하나 됨을 추구하는 운동입니다. 자신의 죄를 깨닫고 철저히 회개한 사람은 구원이 하나님의 전적인 은혜임을 고백합니다. 하나님의 은혜의 복음을 감사하는 성도가 하나님께 드릴 수 있는 가장 큰 헌신은 용서와 화목입니다. 오늘날 우리 한국교회가 풀어야 할 문제 가운데 하나가 분열입니다. 성도가 제일 많은 장로교회의 분열이 가장 심각합니다.

우리나라에 복음을 전해 준 선교사들은 갈라지지 않은 한 교회를 세우기 위해 애썼고 실제로 단일 장로교회를 설립했습니다. 일제 강점기의 혹독한 압제 아래서도 하나였던 한국장로교회는 1950년대에 분열했습니다. 한국교회의 분열을 치유하고 다시 하나 되는 길은 회개용서운동입니다. 성경은 하나님께서 우리를 용서하신 것같이 우리도 서로를 용서하고 사랑하라고 말씀합니다. 회개용서운동의 궁극적 목표는 예수님의 사랑 안에서 우리 모두가 하나 되는 것입니다. '오직 은혜'를 진심으로 고백한다면, 예수님의 사랑으로 서로를 용서하고 하나가 되어야 합니다.

1. 핵심 성경구절

"누가 누구에게 불만이 있거든 서로 용납하여 피차 용서하되 주께서 너희를 용서하신 것같이 너희도 그리하고 이 모든 것 위에 사랑을 더하라 이는 온전하게 매는 띠니라"(골 3:13-14).

2. 서언

오늘날 한국교회는 정체 상태를 넘어 침체에 빠지고 있습니다. 이렇게 된 주 원인은 우리가 사랑은 실천하지 않고 분열과 다툼을 일삼는 데 있습니다. 자기 죄를 깨달으면 회개하고 복음을 받아들입니다. 죄를 철저하게 회개한 사람은 악행에서 떠나 예수 그리스도의 사랑을 실천하는 성도로 살아갑니다. 그런데 우리는 죄를 제대로 깨닫지 못해 철저한 회개 없이 복음을 받아들임으로 무늬만 성도로 살아갑니다. 그래서 그리스도의 사랑 실천은 엄두를 못 내고 분열과 다툼 가운데 있으면서 그것이 얼마나 큰 죄인지를 깨닫지도 못한 채 살고 있습니다.

자기 죄를 깨닫고 철저히 회개한 사람은 죄 용서에 감사하며 다른 사람들을 용서할 수 있습니다. 하나님께 회개하고 죄를 용서받았다고 하면서, 자신이 용서해야 할 다른 사람을 용서하지 않는다면 부적절한 일입니다. 회개용서운동은 우리 자신이 먼저 하나님께 철저히 회개하는 데서 시작됩니다. 죄인인 나를 용서하시고 독생자 예수 그리스도로 내가 받을 형벌을 대신 받게 하신 하나님의 사랑에 감사함으로 다른 사람이 나에게 지은 잘못을 용서하는 것이 그 다음입니다.

회개용서운동의 궁극적 목표는 하나 됨입니다. 하나님께 회개함으로 하나님과 관계를 회복하듯이, 다른 사람을 용서함으로 예수 그리스도의 사랑 안에서 그와 관계를 회복하여 하나가 되어야 합니다. 이런 회개와 용서가 우리 사이에 일어날 때 우리는 예수 안에서 하나 될 수 있습니다. 오늘날 한국교회의 심각한 분열을 생각할 때 우리에게 가장 시급한 것은 회개용서운동이라 할 수 있습니다.

3. 회개용서운동의 정의

개혁주의생명신학 선언문은 "개혁주의생명신학은 하나님 앞에서 자신을 돌아보고 회개하며, 서로를 용납하여 하나 됨을 추구하는 회개용서운동이다"라고 말합니다. 회개와 용서는 하나님의 말씀이 우리 속에 역사할 때 일어납니다. 회개와 용서는 매우 밀접한 관련이 있지만 그 대상은 서로 다릅니다. 회개는 하나님과 우리 사이에 있는 문제를 풀기 위해 우리 속에서 일어납니다. 용서는 우리 자신과 다른 사람들의 관계 가운데 일어납니다.

회개와 용서 사이의 순서는 분명합니다. 회개가 먼저고 용서가 그 다음입니다. 참된 회개 없이는 진심으로 용서할 수 없습니다. 예수 그리스도의 사랑을 알지 못하는 불신자들도 다른 사람에게 용서를 베풀며 살지만, 믿음에 따른 용서가 아니기에 그 용서는 하나님과 관계를 회복하는 데 이르지 못합니다.

개혁주의생명신학은 성령님의 인도하심을 따라 말씀과 기도 가운데 다른 누군가가 아니라 바로 나 자신을 개혁하고, 나 자신의 개혁에서 시작해 예수 그리스도의 생명으로 교회를 새롭게 하며, 예수 그리스도의 복음과 사랑으로 세상을 변화시키는 것을 지향합니다. 먼저 하나님과 관계 가운데 자신을 개혁하고, 그 다음에 다른 사람들과 관계 가운데 예수 그리스도의 사랑을 실천하며, 궁극적으로는 예수 그리스도의 사랑으로 하나 된 세상을 지향한다는 점에서 회개용서운동은 개혁주의생명신학의 해결 순서를 고스란히 따르고 있습니다.

4. 현재 교회와 기독교인들의 문제점들

오늘날 우리 한국교회가 풀어야 할 심각한 문제 가운데 하나가 분열입니다. 먼저는 개인과 개인 사이에 나뉨이 많습니다. 교회의 분열은 모두가 인정하면서도 그 해법을 찾지 못하고 있는 매우 아픈 문제입니다. 다른 교파들도 그렇지만, 한국에서 성도가 가장 많은 장로교회의 경우 변명의 여지가 없을 만큼 분열이 심각합니다.

130여 년 전 선교사들이 들어와서 복음을 전하므로 한국장로교회가 시작되었습니다. 1884년 9월 20일 미국북장로회의 의료선교사 알렌이 조선에 왔고, 이듬해 4월 5일에는 언더우드 목사가, 같은 해 6월에 헤론 의사 부부가 들어와서, 이들이 조선에 미국북장로회선교회를 설립했습니다. 이때 선교회는 교인에게 신앙 문답을 하고 세례를 줄 때 그를 그 선교회가 속한 자국 교회의 회원으로 받았습니다. 그러나 1889년에 호주 장로회의 데이비스가 입국하여 그 해에 두 선교회는 조선에서는 동일한 신앙을 가진 선교회들이 연합해서 한 장로교회를 설립하는 것이 좋다고 여겨 연합공의회를 조직했습니다. 1892년 미국 남장로회 선교사들이 입국했고, 1898년에는 캐나다 장로회의 선교사들이 입국해 가입함으로 연합공의회는 네 장로교회 선교부를 대표하는 공의회가 되었습니다.

1900년에는 연합공의회가 치리권도 갖게 되었지만, 입교인은 여전히 선교 모교회에 속하게 되어 있었습니다. 그래서 조선 목사를 배출할 필요가 있었습니다. 이때 조선 목사를 장립하는 길은 두 가지였습니다. 조선노회를 설립하거나 아니면 각 선교회 본국노회에 속한 목사로 장립하는 것이었습니다. 만약 각 선교회별로 목사를 세우면 자연히 조선장로교회가 넷으로 나뉘어 설 수밖에 없었습니다. 그래서 연합공의회는 조선장로교회가 하나가 되기를 바라서 조선장로회 설립을 추진했습니다. 이것은 연합공의회가 조직 초기부터 가장 주된 목적으로 삼았던 단일 한국장로교회 설립 염원과 조선 목사 장립이라는 목전의 문제를 단번에 풀어내는 지혜로운 결정이었습니다.

이렇듯 한국에 온 선교사들은 각자의 모교회가 서로 달랐지만 조선에는 하나의 장로교회를 세우려는 확고한 의지를 가지고 있었고, 실제로 단일 장로교회를 설립했습니다. 그런 뜻을 가진 장로교 선교사들은 교파를 넘어서서 감리교 선교사들과 협력하여 성경번역과 찬송가 출판 등 문서선교와 교육선교 분야에서 연합사업을 벌였습니다. 1905년에는 조선 땅에 하나의 개신교회 '대한예수교회'를 설립하려는 운동까지 벌였습니다. 우리는 교회 입구에 걸린 '대한예수교 장로회'라는 간판을 볼 때마다 선교사들의 고귀한 소망과 유산을 기억해야 합니다.

이렇게 하나로 시작한 한국장로교회가 오늘날처럼 갈라진 것은 매우 마음 아픈 일입니다. 일제 강점기 혹독한 압제 아래서도 하나의 교회를 유지하던 한국장로교회는 1950년대에 분열했습니다. 1951년 고려신학교를 중심한 고려파가 총회측과 갈라졌고, 1953년 기장측이 분립했으며, 1959년에는 합동측과 통합측이 분열했습니다. 고려파의 분립은 신사참배를 한 친일파 목사들이 경남노회의 주도권을 잡으므로 '출옥 성도'들이 노회 탈퇴를 선언하고 새로운 노회를 조직함으로 시작되었습니다. 기장측의 분립은 보수주의 신학사상과 자유주의 신학사상의 차이에 따른 것이었습니다.

1959년 합동측과 통합측의 분열 요인은 복합적이었는데, 박형룡 목사의 신학교 부지 구입비 부정지출 사건과 WCC 탈퇴 문제, 그리고 제44회 대전총회에 참석할 경기노회 총대 선정 혼란 사건 등이 얽혀 있었습니다. 신학 노선의 차이보다는 교권 다툼이 결정적 문제였기 때문에 두 교회는 다시 하나의 교회로 되돌아가려고 몸부림쳤습니다. 그 뒤 수년 간 몇 차례 연합을 시도했지만 결국 실패하고 말았습니다.

5. 성경적 해법

1) 회개가 생명 회복의 시작이다

회개가 생명 회복의 시작입니다. 사무엘하 12장에는 악행을 저지르고도 깨닫지 못하고 있던 다윗이 하나님의 말씀을 듣고 회개하는 내용이 나옵니다. 다윗은 우리아의 아내인 밧세바를 취하고 그 악행을 감추려 애쓰다가 충신 우리아를 죽이는 살인교사죄를 범하고 말았습니다. 그가 악행을 저지르고도 스스로 그 죄를 깨닫지 못하고 있을 때 여호와 하나님께서 나단 선지자를 보내 악행을 깨우쳐 주시고 책망하셨습니다.

다윗은 "당신이 그 사람이라"(삼하 12:7)는 지적을 받고서야 자신이 얼마나 큰 죄를 저질렀는지 깨달았습니다. 하나님의 말씀이 그의 속에 역사할 때 죄를 깨닫고 회개하며 나아갔습니다. 시편 51편은 다윗이 이때 드린 회개 기도입니다. 그 기도 가운데 다윗은 하나님께 '구원의 즐거움'을 회복시켜 달라고 간구합니다(시 51:12). 회개가 생명 회복의 시작입니다. 1907년 한국교회 대부흥 운동 때도 선교사들과 한국교회 지도자들의 회개가 생명 회복으로 나아가게 했습니다. 그 회개에 성령께서 함께하셨고, 그 결과 온 회중의 마음에 뜨거운 용서와 화해의 불길이 일었습니다.

회개는 다른 사람이 아니라 바로 나 자신에서 시작합니다. 자신이 얼마나 많은 죄를 지었는지를 되돌아보며 그 대가로 처벌받는 일 외에는 마땅한 것이 없다는 것을 깨달아야 합니다. 그럴 때 자신이 용서를 구하기에도 부당한 자라고, 고통받고 고쳐지기에도 부당하다고 자신을 책망하게 됩니다. 자비를 베풀어 달라고 간절히 부르짖는 것이 참된 회개입니다.

예수께서는 우리 신자들에게 이 세상 속에서 소금과 빛으로 살아 세상 사람들로 우리 착한 행실을 보고 하늘에 계신 하나님 아버지께 영광을 돌리게 하라고 명하셨습니다(마 5:13-16). 하지만 오늘날 우리 신자들은 소금과 빛으로 살지 못하고 오히려 세상 사람들로부터 손가락질을 받고 있습니다. 우리가 속한 한국교회가 손가락질을 받고 있지만, 우리는 그것이 내 잘못 때문이라는 생각을 하지 않습니다.

느헤미야는 우리와 달리 자기 민족의 죄를 두고 회개했습니다. "하늘의 하나님 여호와 크고 두려우신 하나님이여 주를 사랑하고 주의 계명을 지키는 자에게 언약을 지키시며 긍휼을 베푸시는 주여 간구하나이다 이제 종이 주의 종들인 이스라엘 자손을 위하여 주야로 기도하오며 우리 이스라엘 자손이 주께 범죄한 죄들을 자복하오니 주는 귀를 기울이시며 눈을 여시사 종의 기도를 들으시옵소서 나와 내 아버지의 집이 범죄하여 주를 향하여 크게 악을 행하여 주께서 주의 종 모세에게 명령하신 계명과 율례와 규례를 지키지 아니하였나이다"(느 1:5-7).

예레미야도 "우리는 수치 중에 눕겠고 우리의 치욕이 우리를 덮을 것이니 이는 우리와 우리 조상들이 청년의 때로부터 오늘까지 우리 하나님 여호와께 범죄하여 우리 하나님 여호와의 목소리에 순종하지 아니하였음이니이다"(렘 3:25)라고 조상과 민족의 죄를 회개했습니다. 이제 우리는 오늘날 우리 교회가 맞고 있는 상황을 '한국교회' 전체라는 불특정 다수의 탓으로 돌리지 말고 바로 나의 죄로 여겨 회개해야 합니다. 자기 민족의 죄를 회개하는 에스라의 기도(스 9:6-15)는 바로 나 자신이 회개의 시작점이 되어야 함을 상기시켜 줍니다.

교회에서도 어느 누가 잘못을 했다면 그에게 비난의 돌을 던지기 전에 우선 자신을 돌아보아야 합니다. 연약한 성도를 위해 충분히 기도했는지, 한 가족으로서 가르침과 모범과 충고를 등한히 하지 않았는지를 돌아보아야 합니다. 어느 성도가 잘못한 죄치고 옆에 있는 내가 반성하지 않아도 될 죄가 있겠습니까?

요한일서 1장 9절은 "만일 우리가 우리 죄를 자백하면 그는 미쁘시고 의로우사 우리 죄를 사하시며 우리를 모든 불의에서 깨끗하게 하실 것이요"라고 말씀합니다. 회개의 시작은 자백입니다. 우리 죄를 하나님께 자백하면 하나님은 우리를 반드시 깨끗하게 하십니다. 우리를 모든 불의에서 건지십니다. 한국교회의 회복은 회개운동에서 비롯할 것입니다. 우리 죄악의 본성을 극복하는 길은 바로 회개입니다.

참된 회개는 사랑의 실천으로 나타납니다. 예수 그리스도를 만난 후 철저히 회개하고 예수님의 사랑을 실천하는 삶을 살았던 대표적 예가 삭개오입니다. 삭개오는 예수 그리스도를 만나 자신의 악행을 회개했는데, 그의 회개는 마음뿐 아니라 사랑의 실천을 통해 나타났습니다. 소유의 절반을 가난한 사람들에게 나누어 주고 과거에 속여 빼앗은 것은 네 배나 갚는 방식으로 회개를 실행했습니다(눅 19:8).

삭개오의 경우는 예수 그리스도를 처음 만나 회개한 예입니다. 하지만 다윗의 경우는 신자가 죄를 범했을 때 말씀을 통해 죄를 깨닫고 회개한 예입니다. 요한일서 1장 9-10절은 우리 신자들이 죄를 범했을 때 하나님께 정직하게 회개하기를 촉구합니다. "만일 우리가 우리 죄를 자백하면 그는 미쁘시고 의로우사 우리 죄를 사하시며 우리를 모든 불의에서 깨끗하게 하실 것이요 만일 우리가 범죄하지 아니하였다 하면 하나님을 거짓말하는 이로 만드는 것이니 또한 그의 말씀이 우리 속에 있지 아니하니라."

로마서 3장 23절 말씀대로, 모든 사람이 죄를 범했기 때문에 하나님 앞에서 의로운 사람은 아무도 없습니다. 예수님을 믿는 이들이 의

롭다 여김을 받는 것은 우리 죗값을 대신 치러 주신 예수 그리스도의 십자가와 부활 때문입니다(롬 4:24-25). 우리는 형제의 눈 속에 있는 티는 비판하면서도 자기 눈 속에 있는 들보는 깨닫지 못하고 있는 잘못을 범하지 말아야 합니다(마 7:3-5). 다른 사람이 아니라 바로 내 자신이 회개의 출발점이 되어야 합니다. 주님께 자신의 죄를 날마다 자백함으로 주님께서 우리를 모든 불의에서 깨끗하게 하시길 간구해야 합니다.

한국교회에 속한 신자들 한 사람 한 사람이 이런 생각을 하며 주님 앞에 날마다 선다면 한국교회는 새로워질 수 있습니다. 죄의 올무에서 벗어나 소금과 빛이 될 수 있습니다. 나 자신이 죄인임을 고백하는 회개운동이 우리에게서 시작하기를 바랍니다.

2) 철저히 회개한 사람은 죄 용서에 대한 감사로 다른 사람을 용서할 수 있다

자기 죄를 깨닫고 철저히 회개한 사람은 죄 용서 받음에 대한 감사로 다른 사람을 용서할 수 있습니다. 그리스도께서 우리를 견뎌 주시고 받아들이신 것처럼 우리도 다른 사람들을 용서하고 받아들일 수 있습니다. 이것은 그리스도인들에게 주어진 은혜들 중의 하나입니다. 베드로가 예수님께 "주여 형제가 내게 죄를 범하면 몇 번이나 용서하여 주리이까 일곱 번까지 하오리이까"(마 18:21)라고 물었습니다. 이에 주님은 '자신은 만 달란트 빚을 탕감받고도, 자신에게 백 데나리

온 빚진 동료를 불쌍히 여기지 않았던 종의 비유'를 들어 다음과 같이 답하셨습니다. "너희가 각각 마음으로부터 형제를 용서하지 아니하면 나의 하늘 아버지께서도 너희에게 이와 같이 하시리라"(마 18:35).

하나님의 은혜로 자신이 받은 용서가 어떤 것인지를 기억한다면, 우리는 다른 사람을 용서할 수밖에 없습니다. 그러므로 "우리가 우리에게 죄 지은 자를 사하여 준 것같이 우리 죄를 사하여 주시옵고"(마 6:12)라고 간구하면서, 우리는 내가 바로 만 달란트 탕감받고도 내게 백 데나리온 빚진 동료를 불쌍히 여기지 않는 악한 종이 아닌지 되새겨 보아야 합니다.

우리가 용서해야 하는 이유는 우리 자신이 하나님의 용서를 온전히 누리려는 데 있습니다. "너희가 사람의 잘못을 용서하면 너희 하늘 아버지께서도 너희 잘못을 용서하시려니와 너희가 사람의 잘못을 용서하지 아니하면 너희 아버지께서도 너희 잘못을 용서하지 아니하시리라"(마 6:14-15). 매일 기도 가운데 내 죄를 용서하시고 구원의 은혜를 베풀어 주신 하나님께 감사하면서 다른 사람의 잘못을 용서하지 않는다면 예수 그리스도의 제자라고 자부할 수 없을 것입니다.

우리가 용서를 배울 수 있는 본보기는 하나님의 용서입니다. 그래서 성경은 하나님께서 우리에게 베푸신 용서를 기억하면서 다른 사람을 용서하라고 가르칩니다. "서로 친절하게 하며 불쌍히 여기며 서로 용서하기를 하나님이 그리스도 안에서 너희를 용서하심과 같이 하라"(엡 4:32). "누가 누구에게 불만이 있거든 서로 용납하여 피차 용서하되 주께서 너희를 용서하신 것같이 너희도 그리하고"(골 3:13).

우리는 스스로를 주님처럼 용서할 수 있는 사람이라고 여기지 않습니다. 실제로 우리에게는 주님처럼 용서할 능력이 없습니다. 우리 힘으로는 할 수 없지만, 성령께서 도우실 때 우리도 용서할 수 있습니다. 기도하면서 성령 충만할 때 참된 용서가 가능합니다. 그런 점에서 기도성령운동이 개혁주의생명신학 실천운동의 종착점이라 할 수 있습니다.

형들의 시기와 질투로 버림받고 죽음의 문턱에서 빠져나와 종으로 팔려갔던 요셉이 자기를 팔아넘겼던 형들을 용서한 것은 사람의 힘으로는 거의 불가능한 일이었습니다. 요셉은 형들에게 버림받고 모함받아 곤경에 처했지만 여호와 하나님과 동행하는 삶을 살았습니다. 성경은 "여호와께서 요셉과 함께하시고 그에게 인자를 더하사"(창 39:21)라고 하시고, 또 "이는 여호와께서 요셉과 함께하심이라 여호와께서 그를 범사에 형통하게 하셨더라"(창 39:23)고 하십니다.

여호와 하나님이 함께하시는 삶은 바로 성령 충만한 삶입니다. 그래서 요셉은 자신을 알아보고 그를 팔았던 악행 때문에 근심하고 한탄하는 형들에게 보복하지 않고 놀라운 용서를 베풀었습니다. "하나님이 큰 구원으로 당신들의 생명을 보존하고 당신들의 후손을 세상에 두시려고 나를 당신들보다 먼저 보내셨나니 그런즉 나를 이리로 보낸 이는 당신들이 아니요 하나님이시라"(창 45:7-8 상).

요셉의 용서는 충동적 용서가 아니었습니다. 그는 아버지가 돌아가신 후 보복당할까 두려워하는 형들에게 다음과 같이 위로했습니다. "두려워하지 마소서 내가 하나님을 대신하리이까 당신들은 나를 해하려 하였으나 하나님은 그것을 선으로 바꾸사 오늘과 같이 많은 백성의 생명을 구원하게 하시려 하셨나니 당신들은 두려워하지 마소서"(창 50:19-21상). 요셉이 하나님의 섭리를 믿으며 형들을 용서한 것은 예수님께서 십자가에서 우리가 받아야 할 형벌을 대신 당하시며 우리를 용서하신 것을 참 많이 닮았습니다.

6. 실천 사례

1) 회개용서운동의 목표는 예수 안에서 하나 됨이다

회개용서운동의 궁극적 목표는 예수 그리스도 안에서 하나 됨입니다. 한국교회가 분열을 치유하고 다시 하나 되는 길은 회개용서운동입니다. 근래에 한국장로교회 가운데 교회 연합이 조금씩 이루어지고 있습니다. 2005년 9월 27일 합동측과 개혁측이 전격적으로 연합함으로 두 교회가 1979년 분열 후 26년 만에 재결합한 것도 한 예입니다.

우리 백석대학교가 속한 대한예수교장로회 총회는 한국에 파송된 선교사들에 의해 형성된 총회가 아닙니다. 이는 오랜 역사를 가진 총회가 아니라는 뜻입니다. 일제 강점기에도 생존해 온 한국장로교회는 일제의 강압과 한국전쟁을 겪은 후인 1950년대에 여러 차례 분열을 겪었습니다. 그런데 우리 총회는 그런 분열들로 인해 생겨난 교회가 아닙니다. 선교사들이 세운 총회가 아니기에 인적으로나 재정적으로 외부 지원을 받은 적도 없습니다. 1970년대 초부터 한국교회가 놀랍게 성장하면서 기존 총회들과 신학교들이 한국교회가 필요로 하는 지도자들의 수를 충족시키기에 역부족인 상황에서 하나님의 은혜로 우리 토양에서 자라난 자생(自生) 총회입니다.

복음의 씨가 뿌려진 후 열매 맺기까지는 오랜 시간이 필요함에도, 우리 총회가 상대적으로 매우 짧은 기간에 비약적으로 성장한 것은 주도적으로 역사하신 하나님의 선물이었습니다. 1976년 자생 총회로 시작했으므로, 한국장로교회의 분열 역사에서 상대적으로 자유로울 수 있는 백석총회가 설립 후 40여 년 동안 한국장로교의 하나 됨을 실현하기 위해 연합의 노력을 지속해 온 것은 한국 초기 선교사들이 1907년 단일 장로교회를 세워 교회 일치와 연합의 의지를 실천한 것과 일맥상통합니다.

우리 총회가 다른 총회들과 통합을 이루어왔고, 특히 2014년 12월 16일 대한예수교장로회 백석총회와 대한예수교장로회 대신총회가 통합한 것은 우리 총회의 외연 확대라는 실제적 의미뿐만 아니라, 분열을 거듭해 온 한국장로교회의 상처를 치료하고, 한 걸음 더 나아가 사도들의 신앙고백대로 교회의 하나 됨을 천명했다는 교회사적 의미가 있습니다.

주님께서는 우리에게 서로 용서하고 하나가 되라고 명령하십니다. 골로새서 3장 13-14절은 "누가 누구에게 불만이 있거든 서로 용납하여 피차 용서하되 주께서 너희를 용서하신 것같이 너희도 그리하고 이 모든 것 위에 사랑을 더하라 이는 온전하게 매는 띠니라"고 말씀합니다. 하지만 서로 용서하고 하나 되는 것은 쉬운 일이 아닙니다. 한국교회에서 일어나는 갈등과 분쟁, 분열과 다툼은 모두 서로 용서하지 못해서 일어난 일입니다. 에베소 교회처럼 교리와 신학을 앞세우다 서로 분열하고 말았습니다. 그 싸움에 그리스도의 사랑이 없습니다. 그리스도의 사랑이 없는 자들은 용서하지 못합니다.

저는 백석학원과 총회를 설립한 이래 지난 40여 년 동안 숱한 오해를 받아왔습니다. 화가 치밀어서 도저히 용서할 수 없다는 마음이 들 때도 많았습니다. 내 겉사람은 그들을 도저히 용서할 수 없었지만 하나님은 저에게 용서하라고 말씀하셨습니다.

로마서 7장 16-25절에 보면, 내 속에는 인간의 죄악 된 본성이 있어서 선을 행하기 원하지만 할 수 없다는 사실을 말씀하십니다. 21절은 "선을 행하기 원하는 나에게 악이 함께 있는 것이로다"라고 말씀합니다. 마음으로는 하나님의 법을 섬기려고 하지만, 실제 육체로는 '죄의 법'을 섬깁니다. 하나님께서 24절에서 바울로 하여금 "오호라 나는 곤고한 사람이로다 이 사망의 몸에서 누가 나를 건져내랴"라고 고백하게 하신 것은 예수 그리스도의 영이 나를 지배하지 않으면 우리 썩어질 육체는 죄의 종 노릇 하다가 죽을 수밖에 없기 때문입니다. 그리스도의 영에 의지하지 않고서는 참된 용서가 어렵습니다.

참된 용서를 위해서는 예수 그리스도의 생명이 나를 지배하는 믿음의 실상이 있어야 합니다. 그것은 예수님을 따르기 위해 자기를 버리고, 자기를 부인하는 것입니다. 주님을 따르는 제자들에게는 공통점이 있습니다. 그것은 자기를 부인하며, 모든 것을 버리고 주를 따르는 모습입니다. 주님의 뜻을 행하려면 자신을 부인해야 합니다. 내 속에 있는 죄악 된 부패성에서 나오는 생각과 뜻으로는, 하나님의 뜻을 이룰 수가 없습니다. 이 둘은 본질적으로 서로 부딪히는 것입니다.

로마서 7장 22-23절은 "내 속사람으로는 하나님의 법을 즐거워하되 내 지체 속에서 한 다른 법이 내 마음의 법과 싸워 내 지체 속에 있는 죄의 법으로 나를 사로잡는 것을 보는도다"라고 말씀합니다. 내 속 곧 내 육신에 왜 선한 것이 거하지 않습니까? 내 눈에는, 내 생각에는 그것이 선하고 좋고 속 시원하고, 잘하는 것처럼 보이기 때문입니다. 내 안에 성령이 거하지 않고, 예수의 생명, 예수님의 말씀이 나를 지배하지 않으면, 그런 것조차 구분하지 못하는 것입니다. 그러나 성경은 무엇이라 말씀합니까? 내 속 곧 내 육신에 선한 것이 거하지 않는다고 합니다. 주의 뜻을 생각하면, 그것이 전혀 쓸모없는 것입니다.

예수님이 예루살렘에 올라가 십자가를 지려 하실 때, 베드로가 무엇이라고 했습니까? 베드로는 마태복음 16장 22절에서 "주여 그리 마옵소서 이 일이 결코 주에게 미치지 아니하리이다"라고 말합니다. 그러자 예수님께서 그를 질책하시고, 24절에서 제자들에게 "누구

든지 나를 따라 오려거든 자기를 부인하고 자기 십자가를 지고 나를 따를 것이니라"고 말씀하십니다. 자기를 부인하라는 말씀입니다. 하나님의 생각과 내 생각이 다를 때, 내 생각과 나의 인간적인 일을 생각하는 육신의 생각을 꺾으라는 말입니다. 그것을 벗어 던지라는 것입니다. 그것이 예수님을 믿는 믿음입니다. 이것이 예수님을 따르는 신앙인의 기본적인 자세입니다.

2) 회개와 용서가 연합을 이루어낸다

한국교회가 하나 되기 위해서는 회개와 용서가 반드시 먼저 이루어져야 합니다. 가정에서 부모님의 간절한 소원은 자녀들이 한마음 한뜻으로 화목하게 지내는 것입니다. 영적 세계도 마찬가지입니다. 주님은 오늘도 우리의 하나 됨을 위해 친히 성부 하나님께 중보기도하고 계십니다. 요한복음 17장 22절에서 예수님은 "내게 주신 영광을 내가 그들에게 주었사오니 이는 우리가 하나가 된 것같이 그들도 하나가 되게 하려 함이니이다"라고 말씀하십니다.

예수님의 열두 제자들은 이런저런 이유로 인해 하나가 되지 못했습니다. 서로 자신이 다른 사람보다 낫다고 생각했습니다. 자신이 다른 사람보다 더 많은 권세와 명예를 차지하기 원했습니다. 그들에게 양보가 없었습니다. 그들은 십자가와 희생은 없이 면류관만 얻고자 했습니다. 그들은 자기는 다른 사람들을 높이지 않으면서, 다른 사람이 자기를 높여 주기를 바랐습니다. 하나가 되지 못한 그들은 아무런 힘을 발휘할 수 없었습니다. 세상을 변화시킬 어떤 능력도 생기지 않았습니다. 이런 제자들을 바라보던 주님은 그들의 발을 씻어 주시며 서로 사랑하라고 말씀하셨습니다. 주님은 요한복음 13장 34-35절에서 "새 계명을 너희에게 주노니 서로 사랑하라 내가 너희를 사랑한 것같이 너희도 서로 사랑하라 너희가 서로 사랑하면 이로써 모든 사람이 너희가 내 제자인 줄 알리라"고 말씀하십니다.

한국교회가 회개하고 용서하여 연합에 이르기 위해서는 한 교회의 노력만으로는 안 됩니다. 한 교단의 수고만으로도 큰 역사를 감당하기 어렵습니다. 한국교회 전체가 하나가 되어야 합니다. 비록 강조하는 교리와 성경 해석이 조금 다르더라도 서로 이해하고 용납해야 합니다. 특별히 개혁주의신학을 가르치는 정통 보수교회들은 교단의 벽을 넘어 하나가 되는 데 힘써야 합니다. 한국교회는 자신부터 철저히 회개하면서 서로 용서하는 영광스러운 교회가 되어야 합니다. 회개가 없는 교회, 용서가 없는 교회, 하나가 되지 못하는 교회는 교회의 본질을 상실한 에베소 교회처럼 책망을 받게 됩니다.

예수님께서는 마태복음 5장 44절에서 "너희 원수를 사랑하며 너희를 박해하는 자를 위하여 기도하라"고 말씀하십니다. 지금 한국교회는 예수 그리스도의 생명력을 상실하여 세상에 빛을 발하지 못하고 있습니다. 이제 우리는 하나님의 영광을 위해서 세상의 모든 것을 내려놓아야 합니다. 하나님의 뜻만 바라볼 때 어떠한 어려움이 와도 참고 이겨낼 수 있는 믿음을 가질 수 있습니다. 내 명예와 내 물질,

심지어 나 자신까지도 버려야 합니다. 내 안에 살아 있는 마지막 자존심까지도 버릴 수 있어야 합니다. 내 자신이 죽어야만 예수 그리스도의 생명의 역사가 일어납니다. 우리가 무릎 꿇고 기도할 때 예수님의 생명과 빛이 드러나는 것입니다.

마태복음 23장 26절은 "눈 먼 바리새인이여 너는 먼저 안을 깨끗이 하라 그리하면 겉도 깨끗하리라"고 말씀합니다. 예수 그리스도의 영과 하나님의 말씀의 지배를 받아 세상의 윤리나 도덕보다 더 거룩하게 살아야 합니다. 이를 위해 성령님께 의지하여 기도에 더욱 힘써야 합니다. 무릎의 신앙이 없이는 우리가 하나가 될 수 없습니다. 증오와 저주를 넘어 용서하지 못할 일까지도 모두 용서하고, 부끄러운 작은 죄까지도 하나님 앞에 내려놓고 회개하며 성령의 도우심을 구해야 합니다.

회개용서운동은 하나님 앞에서 자신을 돌아보고 회개함으로 시작합니다. 회개가 생명 회복의 시작입니다. 자기 죄를 철저하게 회개한 사람은 과거의 악행에서 떠나 예수 그리스도의 사랑을 실천하며 살아갑니다. 그리고 죄 용서에 대한 감사로 다른 사람들을 용서할 수 있습니다. 서로를 용납하게 되는 것입니다. 회개용서운동의 궁극적 목표는 예수 그리스도 안에서 하나 됨입니다. 분열된 한국교회가 회개용서운동으로 치유되며 예수 그리스도 안에서 하나 되는 길로 나아가게 되길 바라며, 우리가 회개용서운동의 선봉에 서게 되기를 소망합니다.

3. 회개용서운동 | 실천적 제안

❶ 우리의 약점과 죄를 부정하면 인생의 거친돌이 되지만
하나님 앞에 고백하고 도움을 간구하면 빛과 소금이 된다.

❷ 우리 사회와 한국교회의 죄를 나의 죄로 여기고 회개하자.
자기 민족의 죄를 두고 회개한 느헤미야, 예레미야, 에스라처럼.

❸ 악을 악으로 갚지 말고, 원한을 품지 않는 것.
우리 자신의 힘으로는 할 수 없지만,
성령께서 도우실 때 할 수 있다.

❹ 서운한 일, 분노, 미움을 쌓아두지 말고
해가 지기 전에 화해하자.
용서하는 연습은 끊어진 관계를 잇는 다리 놓기.

❺ 갈등과 분쟁, 분열과 다툼은 용서하지 못해 일어난 일.
원수를 위한 기도는 예수 그리스도의 사랑으로!

❻ 자신이 받은 조건 없는 사랑을 기억한다면
우리도 서로 다름을 인정하고 받아들이자.
그리스도께서 우리를 받아주신 것처럼.

❼ 분열은 한국교회가 풀어야 할 심각한 문제 가운데 하나.
십자가 앞에 자신을 내려놓고 서로 용납하면
한국교회 연합의 길이 열린다.